Quart Verlag Luzern Anthologie 38

HDPF

T0287815

HDPF
38. Band der Reihe Anthologie

Herausgeber: Heinz Wirz, Luzern
Konzept: Heinz Wirz; HDPF, Zürich
Projektleitung: Quart Verlag, Antonia Wirz
Vorwort: Heinz Wirz
Texte: Nils Havelka, Zürich
Textlektorat Deutsch: Miriam Seifert-Waibel, Hamburg
Übersetzung ins Englische: Benjamin Liebelt, Berlin
Fotos: Barbara Bühler, Basel S. 4; Valentin Jeck, Stäfa S. 8, 11, 12,
15, 16, 19, 20, 23; Fabien Schwartz und Karin Gauch, Zug S. 48
Visualisierungen: obra visual GmbH, Zürich S. 24, 26, 29, 30,
32, 34, 37, 38, 41, 42, 45
Grafische Umsetzung: Quart Verlag, Antonia Wirz
Lithos: Printeria, Luzern
Druck: Gulde-Druck, Tübingen
Bindung: Josef Spinner Grossbuchbinderei GmbH, Ottersweier

English translations of the project descriptions
available at www.quart.ch

Quart Verlag GmbH
Denkmalstrasse 2, CH-6006 Luzern
www.quart.ch

Für Esther

Anthologie 38 – Notat
Heinz Wirz

Seit der Gründung im Jahr 2011 beschäftigt sich das Team um Nikolaus
Hamburger, Dario Pfammatter und Francisco Ferrandiz mit einem weiten
Feld architektonischer Projekte. Früh ergeben sich zwei Wettbewerbs-
erfolge und Direktaufträge von beachtlicher Grösse, sodass der Mit-
arbeiterstab schnell wächst. Projektbesprechungen und Diskussionen
mit allen Mitarbeitern bilden fortan ihre ganz eigene Büro- und Entwurfs-
kultur. Dazu gesellt sich der Wille, die Architektur als eine gesamt-
heitliche Disziplin zu betreiben, die eng mit der Aufgabenstellung, den
technischen Möglichkeiten, dem Entstehungsprozess auf der Baustelle
und der Lebenshaltung der Architekten verbunden ist. Daraus schöpfen
sie für jedes Gebäude ein grundlegendes Leitmotiv.
Noch während des Studiums an der ETH Zürich können die beiden
Gründer Hamburger und Pfammatter ein Einfamilienhaus realisieren,
ein Erstlingswerk, das einiges ihrer architektonischen Ausrichtung be-
inhaltet. Das Gebäude in Rümlang gleicht einem Monolith in Beton, der
mit dunklen Öffnungen und leicht vertieften Feldern mit unterschied-
lichen Texturen in der Betonoberfläche belegt ist. Haptik, Tektonik und
Materialität führen die Architektur zu einer veritablen bildhauerischen
Skulptur. Dieses Zusammenführen der Disziplinen lässt sich etwa bei
Bildhauern und Künstlern wie Per Kirkeby und Rachel Whiteread fin-
den, die von der Bildhauerei in die Architektur vorstossen. Der Reduk-
tion im Äusseren entspricht die stringente Grundrissstruktur, die die
Grundfläche des Gebäudes in zwei prägnante Teile gliedert.
Inzwischen sind mehrere grössere Bauten realisiert, und einige im
Entstehen begriffen. Sie alle sind von der Leidenschaft geprägt, der
Aufgabe eine grundlegende Idee abzugewinnen, die schliesslich zu einer
ausdrucksstarken Architektur führt.

Luzern, im Februar 2017

Gedanken und Gespräche

Der folgende Text ist die Nacherzählung einer Serie Gedanken aus Gesprächen, die im Winter 2016 im Büro von HDPF stattgefunden haben.

Wenn die Partner von HDPF über Architektur sprechen, sprechen sie über das Machen. Ihre Denkweise entspringt einem ebenso stoischen wie bedachten Handeln. Architektur, so scheint es mir, ist in ihrem Weltbild ein immenses Feld aus verschiedenen Aufgaben und darin enthaltenen Teilaufgaben, denen es mit Offenheit, Neugierde und vor allem Augenhöhe zu begegnen gilt, denn sie alle tragen zur Qualität des gebauten Produkts bei. Es ist nicht ein unbewohntes intellektuelles Gerüst, das ihre Architektur ausmacht, sondern vielmehr eine Infrastruktur (Heidegger hätte von «Gestell» gesprochen), die es den Autoren erlaubt den Entstehungsprozess in jeder Hinsicht, in jedem Teilaspekt und mit voller Konzentration zu begleiten. Ihre Haltung macht keinen Unterschied zwischen Prozess und Produkt; der perfekt aufgeräumte Modellbauraum, der ausgezeichnete Kaffee, der ausgeschlafene Entwurfsarchitekt, die auserlesenen Holzschalenstühle, die schöne Handschrift, das gut organisierte Budgetblatt, sie alle übertragen ihre bewusst geschaffenen Qualitäten auf den Prozess und schlussendlich auf das Gebäude. Diese Organisation wird ebenso entworfen und gepflegt wie die Architektur selbst. Sie verwischt Grenzen zwischen Prozess und Produkt und erlaubt es den Protagonisten, neue Potenziale im Projekt zu entdecken, Ideen zu schärfen und bewusst auch in Zukunft einzusetzen – manchmal auf eine Art und Weise, die jene selt der Moderne herauskristallierte Trennung der Berufsgattungen auszuheben vermag. Beim Bau des Hauses Meister verbrachten die Autoren Nächte auf der Baustelle, um die Oberflächenbehandlungen des Betons am eigenen Leib zu erlernen; um beim Stocken, Schleifen und Sandstrahlen jene haptischen und optischen Eigenschaften zu erschaffen und an den Baumeister weiterzuvermitteln, die heute die unvergleichliche Raumerfahrung des Projekts ausmachen. Diese holistische Herangehensweise zeugt von einer weitreichenden Bereitschaft, sich auch in neue Felder hineinzudenken und einzuarbeiten, um sie zur Synthese zu bringen; und sie erweist sich als besonders wertvoll in einer Zeit, in der die Architektur mit ihrer eigenen Summe konfrontiert wird. Diese räumlich nur fragmentarisch fassbaren Phänomene wie Nachhaltigkeit und Zersiedelung, die sich baugeschichtlich aus einer unzähligen Summe von autonomen Handlungen ergeben haben, sind Themen, die die politische und bebaute Landschaft der Schweiz bewegen. Aus diesem komplexen Teppich aus gebauter Umwelt rekrutieren sich heute die Bauaufgaben, die Architekten gestellt bekommen – ob gross oder klein, urban oder ländlich, monofunktional oder komplex: Jede Aufgabe kann so spezifisch an ihrem jeweiligen Ort in sich Qualitäten erschaffen und auf den Ort übertragen. Ein gut ausgenütztes Grundstück mit einer hohen Entwurfs- und Bauqualität trägt durch seinen langen Lebenszyklus und seine Dichte zur Nachhaltigkeit bei. Seine Sorgfalt im Ausdruck schafft Identität und Akzeptanz für dichtes Bauen. Seine Setzung vermag es, dem Ort neue Raumbeziehungen und Raumqualitäten zu verleihen.

Umgesetzt wird der hohe architektonische Anspruch nicht nur bezogen auf den Ort, sondern er bezieht seine Qualitäten aus einer kontinuierlichen Synthese der Komplexitäten des heutigen Bauens. Die synthetische Grundhaltung des Büros überführt so die unzähligen kontextuellen Teilprozesse durch eine Ökonomie der Mittel in ihre schlussendliche Formulierung als gebaute Realität.

Zürich, im Dezember 2016, Nils Havelka

Haus Meister, Rümlang
2010–2012

Das Haus Meister in Rümlang kann in vielerlei Hinsicht als prototypisches Projekt für das damals junge Büro gelesen werden. Zum einen bezeugt es in seiner archetypischen Erscheinung und haptischen Materialisierung die starke Synthesekraft der Autoren; zum anderen hat die Entstehungsgeschichte die Architekten in ihrer Leidenschaft für die gebaute Realität zusammengeschweisst. Das monolithisch gegossene Haus, welches jedes architektonische Detail in sich zu verschlucken scheint, ist als autistischer und doch vertrauter Solitär in ein Einfamilienhausquartier gesetzt. Im Fassadenspiel aus Blind- und Vollfenstern hallt die alltägliche Kontur und Körnung des Mittellandes in einer materiellen Translation nach. Die Umgebungsgestaltung entspringt der gleichen Haltung und setzt sich zusammen aus wiederverwendeten Elementen des Vorgängerhauses. Das Balkonelement ist dem Bau als eigenständige feuerverzinkte Stahlstruktur vorgestellt und betont den monolithischen Grundkörper, dessen Obergeschoss – erst auf den zweiten Blick ersichtlich – um 8 Zentimeter aus der Achse gedreht ist. Die Gestalt des Hauses ist in seiner formalen Ursprünglichkeit eine Reminiszenz an Rachel Whiteread skulpturale Arbeit.

Im Inneren präsentiert sich eine differenzierte Materialwelt aus Kalksandsteinmauerwerk und Beton, welche sandgestrahlt und lasiert wurden, um die Oberflächen zu einer kohärenten Gesamterfahrung zusammenbinden. Anstatt technischer Details werden dem Benutzer verschiedene haptische Qualitäten präsentiert. Eine Palette von Form gewordenen Raumerfahrungen tritt so in den Vordergrund, wie die schwebende Betontreppe, die zwischen zwei Kalksandsteinwänden gelagert mit ihrer im Anhydrit gerahmten letzten Treppenstufe die Raumelemente verschmilzt. Die Integration des Storenkastens in die Fassade wurde als Anlass genommen, zur Reichhaltigkeit des architektonischen Gesamtausdrucks beizutragen: Durch ein komplexes Verfahren von Abbindeverzögerung, Sandstrahlung und Stockung wurde er gleichsam in einem tektonischen Röntgenbild zum Vorschein gebracht.

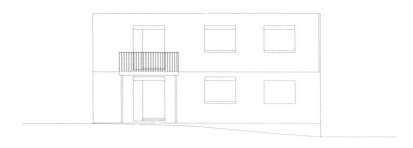

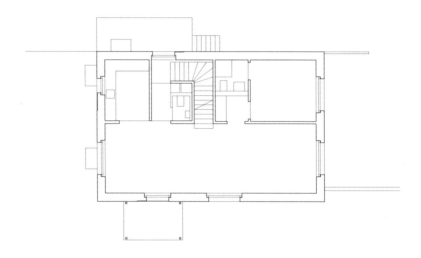

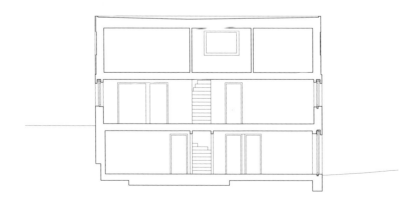

10

5 m

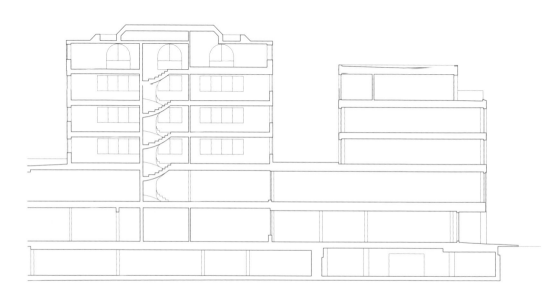

Gutenberg Zentrum, Herisau

2008–2012, Wettbewerb 1. Rang
mit Waldburger + Partner AG, Herisau

Das Geschäfts- und Wohnhaus bildet zusammen mit dem von Ernst
Gisel entworfenen Bankgebäude eine Klammer, die den ersten Block
der Kasernenstrasse mit einprägsamen und identitätsstiftenden Bauten
zusammenfasst. Der Neubau nimmt direkt Bezug auf Gisels rhythmische
Bleifassade, welche über das Trottoir auskragt. Er schliesst den Strassen-
abschnitt als Antwort darauf mit einer tektonischen Fassade aus eloxier-
tem Aluminium ab. Der Baukörper ist aus der Flucht der Nachbarhäuser
gerückt, wodurch sich im Übergang zum älteren Gutenberg Zentrum
ein präzise gefasster Vorplatz ergibt. Durch die im Erdgeschoss ausge-
bildete Arkade wird der Betrachter zu den Schaufenstern und in den Eingangsbereich geleitet. Das rhythmisierte, als Hülle und Kern gedachte
Gebäude reagiert skulptural durch das Auslassen jeweils einer Raster-
einheit auf die Traufhöhen der Nachbargebäude; und die Fassadenflucht
im Attikageschoss ist um 12 Zentimeter zurückgenommen, um dem
Gebäude einen Abschluss nach oben zu geben. In der Gesamtheit über-
trägt das Volumen seine starke plastische und versöhnliche Erscheinung
auf den fragmentarischen Kontext.

Auf der Rückseite weicht die sorgfältige tektonisch artikulierte Haupt-
fassade einer ruhig bespielten mineralisch flächigen Putzfassade mit
punktuellen Öffnungen. Selbst die Feuertreppe trägt zur Qualität des
Gesamtausdrucks bei und formuliert quasi eine Architektur *en passant*, bevor man durch die Arkade ins Zentrum der Kantonshauptstadt
einbiegt.

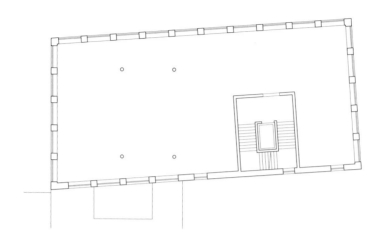

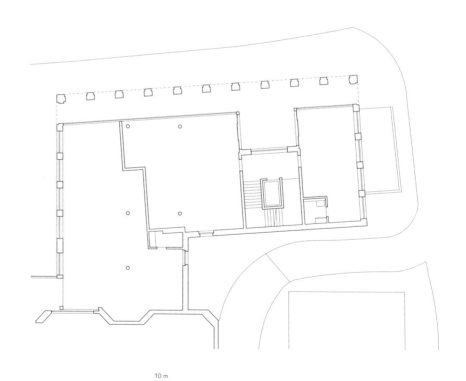

10 m

HDPF

Anthologie 38 – Notat

Heinz Wirz

Since its foundation in 2011, the team led by Niklaus Hamburger, Dario Pfammatter and Francisco Ferrandiz has been working on a broad range of architectural projects. They quickly achieved two competition successes and further direct contracts of notable size, allowing them to expand their workforce rapidly. From then on, the project meetings and discussions with all employees developed a very unique office and design culture. It is accompanied by the will to produce architecture as a holistic discipline that is closely connected to the task, the technical means, the way the building site emerged and the architects' own approach to life. In this way, they can derive a fundamental guiding principle for each building.

Even while still studying at the ETH Zurich, the two founders Hamburger and Pfammatter designed a single-family home, their first work, that reflects their architectural stance. The building in Rümlang is like a concrete monolith, occupied with dark openings and gently indented areas with different textures in the concrete surface. The haptic, tectonic and material qualities give the architecture a veritably sculptural character. Such combination of disciplines is evident in sculptors and artists such as Per Kirkeby and Rachel Whiteread, who ventured from sculpture to architecture. The exterior reduction conforms to the strin-gent floor plan structure, dividing the building's ground plan into two concise parts.

By now, several major buildings have been constructed and more are currently being developed. They are all characterised by a passion for deriving a fundamen-tal idea from the task, which ultimately leads to architecture with a powerful expression.

Lucerne, February 2017

Thoughts and conversations

The following text is an account of a series of thoughts arising in conversations held at the office of HDPF in the winter of 2016.

When the HDPF partners talk about architecture, they talk about doing. Their way of thinking accords with their equally stoic and considerate actions. It seems to me that in their world view, architecture is an immense field of diverse tasks and the sub-tasks they entail, which they must address with openness, curiosity and above all with respect, since they all contribute to the quality of the product. Instead of being an unfamiliar intellectual framework, this represents an infrastructure (Heidegger would have spoken of a "Gestell" or "frame") that allows the authors to supervise the creative process in every way, in each of its constituent aspects and with complete focus. Their approach makes no distinction between the process and the product; the perfectly tidy model construction room, the excellent coffee, the well-rested designing architect, the select wooden-shell chairs, the beautiful handwriting, the well organised budget sheet – they all contribute their consciously created qualities to the process and ultimately to the building. Such organisation is designed and maintained in the same way as architecture itself. It blurs the distinction between the process and the product, thereby allowing the protagonists to discover new potential, sharpen ideas and also consciously use them in the future – sometimes in a way that can overcome the separation of professional occupations that has established itself since Modernism. In the case of the construction of the Meister house, the authors spent nights at the building site to learn the effect of treating the concrete's surface at first hand; to create its haptic and visual qualities through hammering, grinding and sand-blasting, and then communicate that to the building manager, thereby achieving the project's incomparable spatial experience today. These holistic methods reflect a far-reaching willingness to think and work one's way into new fields and achieve their synthesis; they are also particularly valuable at a time when architecture is confronted with its own sum. These phenomena, such as sustainability and urban sprawl, can only be spatially grasped in a fragmentary way since they are the result of a countless sum of autonomous actions and themes that affect the political and constructed landscape of Switzerland. Today, architects are assigned building tasks that are recruited from this complex carpet of the constructed environment. Whether large or small, urban or rural, monofunctional or complex: each task can create qualities specifically at its location and be applied to that location. A well-used property with a high level of design and building quality contributes to sustainability on account of its long life-cycle and density. Its careful expression creates identity and acceptance for dense development. Its placement is able to give the location a new spatial reference and spatial qualities.

The high architectural aspirations are implemented not only with respect to the location, but also in connection with its qualities as a result of a continuous synthesis of the complexities of contemporary building. The synthetic underlying approach of the office thereby guides the countless sub-processes through the economy of means to their ultimate formulation as constructed reality.

Meister house, Rümlang
2010–2012

The Meister house in Rümlang can in many ways be regarded as a prototypical project for the then still new office. Firstly, its archetypal appearance and haptic materialisation is evidence of the powerful synthetic force of its authors; secondly, the story of its development strengthened the bond between the architects with respect to their passion for the built reality. The monolithic, closed house, which seems to swallow up every architectural detail, is placed as an autistic and yet familiar free-standing building in a neighbourhood of single-family homes. The façade's interplay of blind and full-size windows echoes the everyday contour and grain of Central Switzerland in its material translation. The design of the surroundings is derived from the same approach and consists of reused elements of the location's previous building. The balcony element is placed in front of the building as an autonomous, hot-tip galvanized steel structure, highlighting the monolithic basic volume, while its upper storey is rotated on its axis by 8 centimetres, which is only visible on closer inspection. The appearance of the building recalls the sculptural work of Rachel Whiteread in its formally native quality.

A differentiated material world is presented inside, consisting of lime sandstone masonry and concrete that has been sand-blasted and glazed to bind the surfaces together into a coherent overall experience. Instead of technical details, the user was presented with different haptic qualities. The focus therefore lies on a range of spatial experiences that have taken shape, such as the hovering staircase that is positioned between the two lime sandstone walls, with its last step framed in anhydrite, thereby merging with the spatial elements. The integration of the blind casing into the façade was seen as an opportunity to contribute to the overall architectural expression: a complex process of setting delay, sand-blasting and hammering was used to make it visible like a tectonic x-ray image.

Gutenberg Zentrum, Herisau
2008–2012, Competition, 1st Prize; with Waldburger + Partner AG, Hersiau

The commercial and residential building combines with the bank building designed by Ernst Gisel to form a clamp that grasps the first block of Kasernenstrasse with impressive, identity-enhancing buildings. The new building directly relates to the Gisel's rhythmic façade that projects over the pavement. It concludes the street section as a response to it with a tectonic façade made of anodised aluminium. The building volume has been shifted out of the line of the neighbouring houses, resulting in a precisely framed forecourt at the transition to the older Gutenberg Zentrum. The arcade formed on the ground floor allows visitors to be guided to the store windows and into the entrance area. The rhythmical building, which was conceived as an envelope and a core, reacts sculpturally to the eaves heights of the neighbouring building by omitting one grid unit respectively; the façade line on the attic floor is recessed by 12 centimetres to give the building a vertical conclusion. Overall, the volume expresses its sculptural, harmonious appearance in a fragmented context.
On the rear side, the careful, tectonic articulation of the main façade makes way for a calmer mineral, flat plaster façade with selective openings. Even the emergency stairs contribute to the quality of the overall impression by formulating an architecture quasi *en passant*, before proceeding round to the arcade at the centre of the cantonal capital.

Binzacker apartment building, Wetzikon
2012

The Binzacker building is a kind of small tower that adds vertical accentuation, while also forming the beginning of the adjoining industrial quarter, which is currently experiencing a period of transition. Through different relationships with its constructed environment, the building achieves an identity-building local reference and adds a unifying coherence to the heterogeneous neighbourhood. The building is slightly rotated away from the street, thereby forming an ensemble with the semidetached houses from the 1950s. The mint green coloured concrete elements of the balconies quote the opposite industrial building with its monolithically projecting flat roof, giving the vertical building an elegant lightness. It becomes a kind of translation as plastered sections that smoothly connect to the balcony are continued in the façade, giving the building its independent elegance in a series of architectural formulations. The sequence of design measures achieves its climax in the doubly folded building corners that provide a high-quality conclusion to the simple façade areas. The project thereby derives its wealth from the realisation of consciously formulated design concepts, rather than its purely material opulence.

Hubrainstrasse apartment building, Maur
2013–2016

The development is situated on the outskirts of a settlement area, directly beside a stream that is lined by trees. The building is embedded into the terrain by being split into four basic sections that are staggered towards the Greifensee. The design is based on the aim of providing all residential units with a view of the lake and a high-quality relationship with the exterior space in the close vicinity. Each apartment was given either a rooftop terrace or a combination of a projecting bay window and an introverted loggia. The resulting building is united by means of a uniform plaster façade with gentle colour nuances that give it a subtle appearance. The anodised aluminium windows emphasise the volumetric interplay of outward placement from within. The four-winged building has select oak parquet flooring, giving the otherwise reserved, white space with jointless fittings a focused, elegant effect for the spatial atmosphere.

Alti Füürwehr development, Herisau
2013–2017, Competition, 1ˢᵗ Prize; with Waldburger + Partner AG, Hersiau

In the heart of Herisau, a peaceful urban development is under construction only footsteps away from the old fruit market between the church and Kasernenstrasse. In terms of its grain and appearance, the clearly formulated mass of the beige clinker brick building picks up on the distant familiarity of the Appenzell shingle houses scattered through the city. The building is reserved and content to be simply a house.

The coherent, introverted volume, which accommodated loggias and recesses in its stoic grid, mediates with its confident style between the programme and the surroundings. On the ground floor, the building opens towards the arcade and combines with the Gutenberg Zentrum, which was also extended by HDPF, to form a public gateway to the city. This gives the location a subtle spatial clarity from the perspective of car drivers, while offering pedestrians a continuous, urban spatial experience. The planned catering use on the ground floor, which is orientated towards the arcade, forms a meeting zone between the residents of the senior citizens' housing on the first floor and passers by on Kasernenstrasse – thereby fulfilling the social function of strengthening identification with the city centre.

Kreuzwiesen apartment building, Zurich
2013–2018

The replacement building for a typical Schwamendingen semi-detached house impresses with its directness and focus on spatial qualities – both inside and outside. The Y-shaped extension picks up on the line of its predecessor and gives the surrounding green area different spatial qualities, while the apartments benefit from a broad span of orientation out towards the garden city. The materiality speaks a simple language: the relief plaster of the façade, which oscillates between light and dark grey tones, changes its surface quality during the course of the day. The simple hot-dip galvanised metalwork on the balconies that project into the garden and the subtly highlighted blind casing are remotely reminiscent of the Meister house. In the interior, the same reserved quality exists with respect to the materials, which are enhanced through their careful deployment: walls of glazed lime sandstone beneath bright, fair-faced concrete ceilings, and flooring made of perfectly cast anhydrite attract the viewer's attention to the true qualities – the spaces. Instead of losing existing potential through standardised decisions on monofunctional hall situations, mixed-use spaces are created with the potential for people to spend time there. The residential units are thereby organised as sequences around the central core and orientated towards the garden, offering various views of it.

Wannenstrasse apartment building, Thalwil
2014–2017

The slim, vertical building rises from the sloping terrain before advancing towards the lake at one of its corners. On the slope side, the volume is extended by a small section that sheers off from the volume, containing the car lift. Access to the building is provided by the incision in the volume this creates, thereby locating the entrance area volumetrically. The single-storey apartments are organised by a corridor with functional layers on both sides. As is visual from the outside, the spatial experience culminates in the living area, which is orientated towards the broad view of the lake and ends with a balcony.

Rosengarten apartment house, Zurich
2014–2017

The Rosengarten residential building was erected in the green courtyard of an incomplete block perimeter from the late 19th century to strongly densify the quarter behind the Wipkingen school building. The compact building fans out towards the south, thereby giving its volume a scale that is compatible with the quarter, while also providing targeted views and framed balconies for the apartments. To the north, projections and recesses create a new courtyard situation together with the existing structures, including the very small buildings within them. The room-high windows highlight the sculptural character of the overall volume, while the relief-like plaster façade picks up on the colour and structure of the coarse plaster of the Wipkingen church opposite. On each floor, five apartments are organised around functional cores that are surrounded by spatial sequences. Sliding doors and concentrated, spatially structuring elements are used to free the façades in the living space, creating a criterion of quality for its spatial expression, together with targeted views.

Hohliecht house, Zermatt
2010–2012

Situated at a bend in the River Findelbach in Zermatt, the building follows the line of the river and the slope behind it. The fold in the façade creates a framed exterior space on the slope side, providing access to the building there, while allowing diverse views on the river side. Due to its limited depth, the narrow volume is conceived as a timber construction – the entire design has the character of wooden furniture. Three displaced spatial modules are accommodated on each floor, forming an interconnected and yet diversely experienced spatial world with the unifying reminiscence of a chalet. Like the bedroom, the kitchen and dining rooms can be combined using sliding elements, thereby allowing different levels of privacy.

With a kind of child-like simplicity, each room offers a targeted view through precisely placed and habitable windows: towards the stream and into the Lerchenwald, towards the village on the slope or towards the Matterhorn. The building is integrated into its surroundings through its flamed wooden façade that reflects the grooved surfaces of the evergreen trees.

Hohliecht house, Zermatt
2010–2012

Situated at a bend in the River Findelbach in Zermatt, the building follows the line of the river and the slope behind it. The fold in the façade creates a framed exterior space on the slope side, providing access to the building there, while allowing diverse views on the river side. Due to its limited depth, the narrow volume is conceived as a timber construction – the entire design has the character of wooden furniture. Three displaced spatial modules are accommodated on each floor, forming an interconnected and yet diversely experienced spatial world with the unifying reminiscence of a chalet. Like the bedroom, the kitchen and dining rooms can be combined using sliding elements, thereby allowing different levels of privacy.

With a kind of child-like simplicity, each room offers a targeted view through precisely placed and habitable windows: towards the stream and into the Lerchenwald, towards the village on the slope or towards the Matterhorn. The building is integrated into its surroundings through its flamed wooden façade that reflects the grooved surfaces of the evergreen trees.

Zollhaus residential and commercial development, Zurich
2015, Competition, 3rd Prize

The new Zollhaus consists of a continuous building volume, which is interrupted by a staggered incision along the railway line at the level of Mattengasse. This firstly formulates a raised head-end facing Langstrasse and secondly "invites" the public space above the cascade into the building, while also creating a spatial reference to the quarter. The compact form allows the development of a square on the station side. Two projections – one at the eastern and one at the western end of the building – mark the entrances to the public programmes inside and provide a covered space below. The terraced area forms the heart of the cooperative concept and is a green oasis in the inner-urban space. The street area of Zollstrasse enters into the building on several levels, continuing there as a rue intérieure, where it accommodates semi-private elements such as post-boxes and a laundry. Various new housing typologies sound out the possibilities of long-term, transformable cooperative uses.

Quart Publishers Ltd., www.quart.ch

Mehrfamilienhaus Binzacker, Wetzikon
2013–2016

Der Baukörper am Binzacker bildet als eine Art Kleinhochhaus einen schlanken vertikalen Akzent zum Auftakt des angrenzenden Industriequartiers im Umbruch. Durch verschiedene Bezüge auf seine gebauten Umwelt vermag der Bau einen identitätsstiftenden Ortsbezug zur Nachbarschaft zu schaffen und zu einem Gesamten zu verweben. Das Gebäude ist leicht von der Strasse abgedreht und bildet so mit den Doppeleinfamilienhäusern aus den Fünfzigern ein Ensemble. Die mintgrün eingefärbten Betonelemente der Balkone zitieren den gegenüberliegenden Industriebau mit seinem monolithisch auskragenden Flachdach und verleihen dem vertikalen Bau eine elegante Leichtigkeit. Diese wird in einer Translation als Putzfelder, die nahtlos an die Balkone anschliessen, in der Fassade fortgesetzt und gibt dem Bauwerk so in einer Serie von architektonischen Ausformulierungen eine eigenständige Eleganz. Die Reihe gestalterischer Eingriffe findet ihren Höhepunkt in den doppelt geknickten Gebäudeecken, welche die einfachen Fassadenflächen hochwertig abschliessen. Das Projekt schöpft so seine Reichhaltigkeit nicht aus einer materiellen Opulenz, sondern aus dem Gestaltwerden von bewusst formulierten Entwurfsideen.

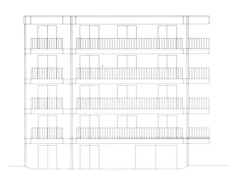

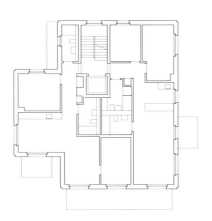

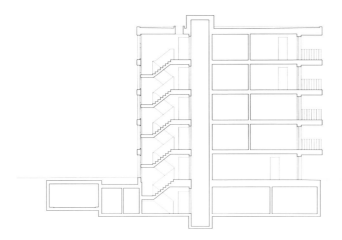

18

10 m

Mehrfamilienhaus Hubrainstrasse, Maur
2013–2016

Die Überbauung liegt am Rand eines Siedlungsgebiets, direkt an einem von Bäumen gesäumten Bach. Der Baukörper ist durch das Aufbrechen des Gesamtvolumens in vier Grundteile ins Terrain eingebettet und treppt sich zum Greifensee hin ab. Dem Entwurf lag das Ziel zugrunde, allen Wohneinheiten Seeblick und qualitativ hochwertige Aussenraumbezüge zur nahen Umgebung zu verleihen. Jeder Wohnung wurde eine Dachterrasse oder eine Kombination aus auskragendem Erker und introvertierter Loggia zugewiesen. Der sich daraus ergebende Baukörper ist über eine einheitliche Putzfassade zusammengefasst, die durch eine leicht nuancierte Farbgebung in einer dezenten Erscheinung resultiert. Die eloxierten Aluminiumfenster betonen das volumetrische Spiel der Setzung von innen heraus. Die Vierspänner sind mit ausgesuchtem Eichenparkett versehen, welcher dem sonst zurückhaltenden, weiss ausformulierten Raum mit nahtlosen Einbauten eine im Effekt konzentrierte und edle Atmosphäre verleiht.

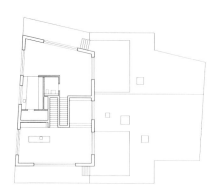

10 m

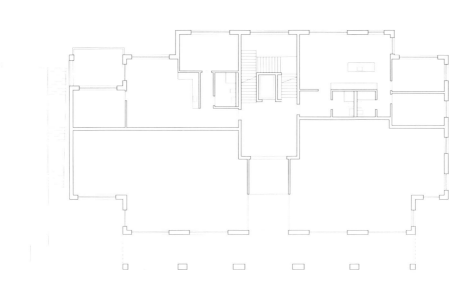

10 m

Überbauung Alti Füürwehr, Herisau

2013–2017, Wettbewerb 1. Rang
mit Waldburger + Partner AG, Herisau

Im Herzen von Herisau entsteht, nur Schritte vom alten Obstmarkt entfernt zwischen Kirche und Kasernenstrasse, ein ruhiges Stück Stadt. Die klar formulierte Masse des in beigem Klinker gehaltenen Gebäudes greift in ihrer Körnung und Erscheinung die entfernte Vertrautheit der in die Stadt gestreuten Appenzeller Schindelhäuser auf. Der Bau nimmt sich zurück, will einfach nur Haus zu sein.

Das kohärente und introvertierte Volumen, welches in seinem stoischen Raster Loggien sowie Rücksprünge aufnimmt, vermittelt stilsicher zwischen dem Programm und der Umgebung. Das Gebäude öffnet sich im Erdgeschoss zur Arkade und bildet so zusammen mit dem von HDPF erweiterten Gutenberg Zentrum ein öffentliches Tor zu Stadt. Dies verleiht dem Ort eine subtile, aus der Perspektive des Autofahrers hergesehnte räumliche Klarheit und offeriert dem Flaneur durch die neu entdeckte Öffentlichkeit ein städtisches und kontinuierliches Raumerlebnis. Die vorgesehene Gastronutzung im zur Arkade hin ausgelegten Erdgeschoss bildet eine Begegnungszone zwischen den Bewohnern der Alterswohnungen im ersten Geschoss und den Passanten auf der Kasernenstrasse – und trägt so auch sozial zur Identitätsbildung im Stadtkern bei.

Mehrfamilienhaus Kreuzwiesen, Zürich
2013–2018

Der Ersatzneubau für eine typische Schwamendinger Zeilenbauhälfte besticht durch seine Direktheit, einfache Materialität und den Fokus auf Raumqualitäten – innen wie aussen. Der Y-förmige Anbau greift aus der Flucht seines Vorgängers und verleiht so dem umfliessenden Grünraum verschiedene Raumqualitäten und den Wohnungen weitläufige Orientierung in die Gartenstadt hinaus. Die Materialität spricht eine einfache Sprache: Der Reliefputz der Fassade, der zwischen hellen und dunklen Grautönen oszilliert, verändert seine Oberflächenqualität im Tagesverlauf. Die einfachen feuerverzinkten Schlosserarbeiten an den in den Garten kragenden Balkonen und die dezent hervorgehobenen Storenkasten erinnern entfernt an das Haus Meister. Im Innenraum herrscht dieselbe Zurückhaltung in Bezug auf die Materialien, die durch sorgfältigen Einsatz geadelt werden: Wände aus lasiertem Kalksandstein unter hellen, rohen Betondecken und der Boden aus perfekt gegossenem Anhydrit lenken das Augenmerk des Betrachters auf die wahren Qualitäten – den Raum. Anstatt vorhandene Potenziale durch standardisierte Entscheidungen an monofunktionale Gangsituationen zu verlieren, werden Mischräume mit Aufenthaltsqualität geschaffen. Die Wohneinheiten sind so als Sequenzen um innen liegende Kerne organisiert und orientieren sich mit verschiedenen Ausblicken zum Garten hin.

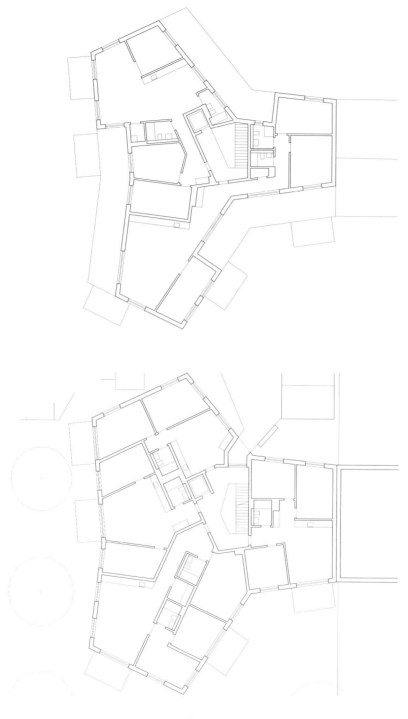

10 m

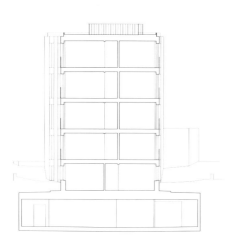

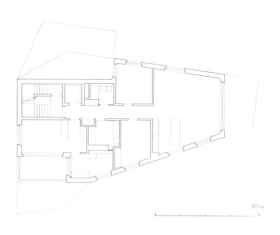

10 m

Mehrfamilienhaus Wannenstrasse, Thalwil
2014–2017

Der schlanke, vertikale Bau erhebt sich aus dem abschüssigen Gelände, um in Richtung See auf eine Hausspitze zuzulaufen, die in einem Balkon endet. Auf der Hangseite wird das Volumen durch einen kleineren, ausscherenden Körper, der den Eingang zum Autolift enthält, erweitert. Die Erschliessung des Baus erfolgt durch den dadurch entstehenden Einschnitt in die Baumasse und verortet den Eingangsbereich volumetrisch. Die pro Geschoss ausgelegten Wohnungen sind durch einen Gang mit beidseits anliegenden Funktionsschichten organisiert. Das Raumerlebnis kulminiert, wie von aussen ablesbar, im Wohnbereich, welcher sich mit einem weitläufigen Ausblick zum See hin orientiert und in einem Balkon mündet.

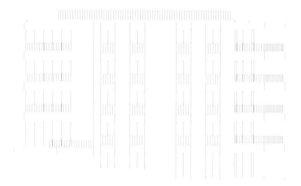

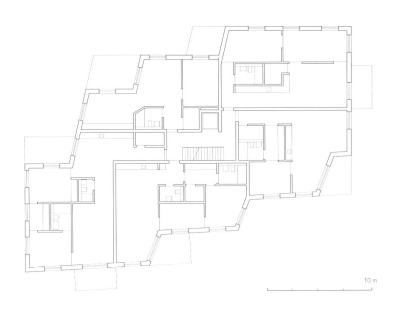

10 m

Wohnhaus Rosengarten, Zürich
2014–2017

Das Wohnhaus am Rosengarten wird in den grünen Hof eines unvollendeten Blockrands aus der Gründerzeit gesetzt, um eine starke Nachverdichtung des hinter dem Schulhaus Wipkingen liegenden Areals vorzunehmen. Der kompakte Baukörper ist Richtung Süden hin aufgefächert und schafft es so, dem Gebäude eine dem Quartier gerechte Massstäblichkeit zu verleihen, während dadurch für die Wohnungen gezielte Ausblicke und gefasste Balkone generiert werden. Im Norden wird durch Vor- und Rücksprünge eine neue Hofsituation mit dem Bestand erzeugt, welche die darin befindlichen Kleinstbauten miteinbezieht. Die raumhohen Fenster betonen die Plastizität des Gesamtvolumens, und die reliefartige Putzfassade nimmt farblich und strukturell Bezug auf den groben Putz der Wipkinger Kirche gegenüber. Pro Geschoss sind fünf Wohnungen um funktionelle Kerne herum organisiert, welche von Raumsequenzen umflossen werden. Durch den Einsatz von Schiebetüren und die Konzentration der raumgliedernden Elemente werden die Fassaden im Wohnraum freigespielt und zusammen mit den gezielten Ausblicken zum Qualitätsmerkmal des Raumerlebnisses im Alltag.

Mehrfamilienhäuser Birkenhaldenstrasse, Kilchberg
2016–2018

Die Parzelle in steiler Hanglage bietet dem Betrachter einen 180-Grad-Ausblick über den unweit gelegenen Zürichsee und die Alpen im Hintergrund. Mit der Prämisse, dieses Potenzial für jede Wohneinheit voll auszuschöpfen, werden zwei Baukörper auf das Grundstück gesetzt, die durch ein komplexes Spiel aus Schichtung sowie Vor- und Rücksprüngen Wohnungen schaffen, die von den zahlreichen Ausblicksqualitäten und den wandelnden Atmosphären im Tagesverlauf profitieren. Erschlossen werden die beiden Gebäude durch ein im Hang liegendes Foyer mit zentralem Oberlicht, welches wie die Spitze eines Eisbergs als soziales Bindeglied zwischen den Haushemisphären und den Tiefgaragen liegt. Um die Schichtung des Baus hervorzuheben, treten einzig die Geschossplatten hinter den horizontalen Fensterbändern hervor, während eine zweite Schicht von dahinterliegenden Aussenwänden – welche die Privatsphäre in gewissen Punkten moduliert – in den Hintergrund tritt.

10 m

Haus Hohliecht, Zermatt
Wettbewerb 2010–2012

An einer Biegung des Findelbachs in Zermatt gelegen, schmiegt sich das Gebäude der Bewegung folgend an den dahinter liegenden Abhang. Der Knick in der Fassade schafft auf der Hangseite einen gefassten Aussen-raum, über welchen die Erschliessung des Baus erfolgt, während er auf der Bachseite verschiedene Ausblicke ermöglicht. Das schmale Volu-men ist aufgrund seiner geringen Tiefe als Holzbau konzipiert – der gesamte Entwurf hat etwas von einer Art Wohnmöbel. Pro Geschoss bilden drei versetzte Raummodule eine zusammenhängende und doch erfahrungsreiche Raumwelt mit einer einheitlichen Reminiszenz eines Chalets. Küche und Essraum können genau wie der Schlafraum durch Schiebelemente dazugeschaltet werden und erlauben so verschiedene Gradienten von Privatheit.

Jeder Raum offeriert – mit einer Art kindlicher Einfachheit – durch ein präzise gesetztes und bewohnbares Fenster einen gezielten Ausblick: auf den Bach im Lerchenwald, auf das Dorf am Hang oder auf das Matterhorn. Mit seiner geflammten Holzfassade, welche die gefurchte Oberflächen der Nadelbäume mimt, integriert sich das Gebäude in die Umgebung.

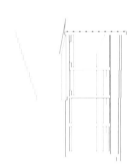

10 m

Wohn- und Gewerbeüberbauung Zollhaus, Zürich
2015, Wettbewerb 3. Rang

Das neue Zollhaus besteht aus einem durchgehenden Baukörper, welcher dem Gleisfeld folgend auf Höhe der Mattengasse durch einen abgetreppten Einschnitt aufgebrochen wird. Zum einen wird dadurch ein erhöhter Kopfbau zur Langstrasse hin formuliert, zum anderen wird der öffentliche Raum über die Kaskade in das Gebäude «eingeladen», während der Einschnitt einen räumlichen Bezug zum Quartier generiert. Die kompakte Form ermöglicht das Freispielen eines Platzes auf der Bahnhofsseite. Zwei Auskragungen – eine am östlichen sowie eine am westlichen Gebäudeende – markieren die Eingänge zu den öffentlichen Programmen im Inneren und dienen als Unterstand. Der terrassierte Raum bildet das Herzstück des genossenschaftlichen Gedankens und ist eine grüne Oase im innerstädtischen Raum. Der Strassenraum der Zollstrasse zieht sich über die verschiedenen Geschosse bis ins Innere des Gebäudes und setzt sich dort als *rue intérieure* fort, an der sich halb private neuralgische Punkte wie Briefkästen und Waschküche befinden. Verschiedene neue Wohntypologien loten die Möglichkeiten einer langfristigen und wandelbaren genossenschaftlichen Nutzung aus.

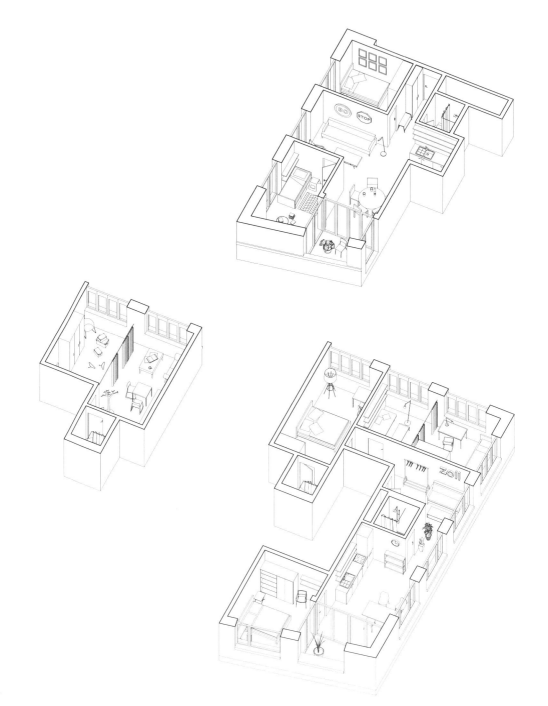

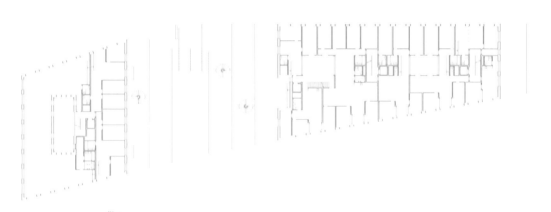

Werkverzeichnis
Auswahl Bauten, Projekte und Wettbewerbe

Bauten

2012	Gutenberg Zentrum, Herisau (mit Waldburger + Partner AG, Herisau; Wettbewerb 2008, 1. Rang)
	Haus Meister, Rümlang
2014	Gewerbeareal Baader, Aalen
	Haus Chätsch, Rümlang
2015	Einfamilienhaus, Waldkirch
2016	Umbau Tödistrasse, Zürich
	Mehrfamilienhaus Binzacker, Wetzikon
	Mehrfamilienhaus Hubrainstrasse, Maur

Laufende Projekte

Mehrfamilienhaus Im Rebberg, Otelfingen

Mehrfamilienhäuser Am Schmittenbach, Stäfa

Überbauung Alti Füürwehr, Herisau (mit Waldburger + Partner AG, Herisau; Wettbewerb 2013, 1. Rang)

Mehrfamilienhaus Wannenstrasse, Thalwil

Mehrfamilienhaus Kreuzwiesen, Zürich

Mehrfamilienhaus Breitenstrasse, Winterthur

Mehrfamilienhäuser Zollikonstrasse, Maur

Mehrfamilienhaus Mettelacher, Zumikon

Mehrfamilienhaus Witikonerstrasse, Zürich

Gewerbehaus Steinackerstrase, Kloten

Einfamilienhaus Weierstrasse, Winterthur

Mehrfamilienhäuser Berghaldenstrasse, Pfäffikon

Umbau Einfamilienhaus, Zollikerberg

Überbauung Freihof, Erlenbach

Überbauung Kurfürstenpark, Weesen

Mehrfamilienhäuser Weiherstrasse, Buchs

Wohnhaus Rosengarten, Zürich

Mehrfamilienhaus Schützenstrasse, Herisau

Mehrfamilienhäuser Kappelistrasse, Erlenbach

Mehrfamilienhaus Weissenbrunnenstrasse, Birmensdorf

Zwei Villen, Oberrieden

Mehrfamilienhäuser Birkenhaldenstrasse, Kilchberg

Mehrfamilienhäuser Lärchenstrasse, Thalwil

Wettbewerbe und Studien

2012	Neubau Campus Messestrasse, Wien, Österreich
	Haus Hohliecht, Zermatt
2013	Rayiwayi Upenyu, Norton, Zimbabwe
	Haus Aldaya, Valencia, Spanien
	Mehrfamilienhaus Bahnhofstrasse, Zollikon
	Mehrfamilienhaus Gstadstrasse, Zollikon
	Villa, Herisau
2014	Erweiterung Volksschule Pestalozzi, Bern
	Neubau Kindergarten Wildenstein, Rorschacherberg
2015	Bezirksgericht, Meilen
	Krematorium Thun-Schoren, Thun
	Erweiterung Bezirksanlage, Winterthur; 5. Rang
	Markthalle Goler und Ringkuhkampfarena, Raron
	Neubau Quartierzentrum Wesemlin, Luzern
	Wohn- und Gewerbeüberbauung Zollhaus, Zürich; 3. Rang
2016	Neubau Schulhaus Staffeln, Luzern
	Erweiterung Schulanlage Riedmatt, Zug; 2. Rang
	SBB Herrliberg-Feldmeilen
	Ersatzneubau Wohnsiedlungen 5-7 BG Waidmatt, Zürich

Nikolaus Hamburger

1987	geboren in Chicago, Vereinigte Staaten von Amerika
2005–2013	Architekturstudium an der ETH Zürich und TU Delft
2008–2009	Mitarbeit bei Christian Kerez, Zürich
2010–2011	Mitarbeit bei Waldburger + Schawalder, Herisau
2011	Bürogründung in Zürich
2013	MSc Arch ETH Zürich, bei Prof. Dietmar Eberle
Seit 2013	Mitglied SIA
Seit 2014	HDPF

Dario Pfammatter

1984	geboren in Zermatt, Schweiz
2005–2012	Architekturstudium an der ETH Zürich
2008–2009	Mitarbeit bei Meili Peter Architekten, Zürich
2009	Mitarbeit bei Christian Kerez, Zürich
2010–2011	Mitarbeit bei Waldburger+Schawalder, Herisau
2011	Bürogründung in Zürich
2012	MSc Arch ETH Zürich, bei Prof. Dietmar Eberle
Seit 2013	Mitglied SIA
Seit 2014	HDPF

Francisco Ferrandiz

1975	geboren in Valencia, Spanien
1998–2007	Architekturstudium an der ETSAV Valencia und der ZHAW Winterthur
2004	MSc Arch ETSAV, Valencia, bei Prof. Eduardo de Miguel Arbonés
2007	MA ZFH, Winterthur, bei Prof. Max Bosshard
2007	Mitarbeit bei E2A, Zürich
2008	Mitarbeit bei EM2N, Zürich
2009–2014	Mitarbeit bei Meier und Steinhauer, Zürich
Seit 2014	HDPF

| Mitarbeitende (seit 2011) | Parissa Amini, Nerea Aranzabal, Nathalie Bieri, Sofia Bradford, Daniela Braga, Sara Bucci, Itana Celic, Marta Cierpiszewska, Melisa de Gasperin, Alessia Dal Santo, Manuel Du, Leila Fernandes, Daniela Fischlin, Carla Ghenzi, Phoebe Goodwin, Micha Guidon, Miguel Guimarães, Dorota Haaza, Martin Horvat, Diana Jambrak, Kenan Jasarevic, Marina Jung, Nina Kozulic, Markus Lagler, Viola Liederwald, Amadeo Linke, Stefan Mantu, Tiago Matildes, Haris Memic, Mirel Miron, Sergi Ortega, Enrique Orti, Attila Pall, João Petersen, Lara Prostran, Cecily Quetin, Robert Rainer, Mario Sánchez, Caroline Schillinger, Timo Sippach, Lena Sochaczewska, Martin Sperber, Reto Studer, Marc Suter, Sofia Trindade, Arthur Trost, Vincent Weipert, Jannik Weisser, Giada Widmer, Fan Xu, Stephanie Zeulevoet, Marcel Zufferey |

Vorträge

2012	Lehrcanapé ETH Zürich, Prof. Philip Ursprung
	Gespräch im Schaffhauser Fernsehen
2015	Ideen für Zürichs Zukunft, Amt für Städtebau
	Generation 2015 – Wohin?, JOM Architekten
	Architekturgespräche – Witzig The Office Company

Bibliografie

2012	Schaffhauser Nachrichten, 18. Oktober
	trans 20, gta Verlag, ETH Zürich
2015	Grundrissfibel Wohnungsbau, Edition Hochparterre
	Zürichsee-Zeitung, 09. September
	Hochparterre Wettbewerbe Nr. 3

Finanzielle und ideelle Unterstützung

Ein grosser Dank gilt den Institutionen und Sponsorfirmen, deren finanzielle Unterstützung wesentlich zum Entstehen dieser Publikation beigetragen hat. Ihr kulturelles Engagement ermöglicht ein fruchtbares Zusammenwirken von Baukultur, öffentlicher Hand, privater Förderung und Bauwirtschaft.
Ein besonderer Dank geht an Renate und Hansjörg Bolliger und an Dr. A. J. Zingg.

ERNST GÖHNER STIFTUNG

Schweizerische Eidgenossenschaft
Confédération suisse
Confederazione Svizzera
Confederaziun svizra

Eidgenössisches Departement des Innern EDI
Bundesamt für Kultur BAK

INIZIA AG, Zürich

CONVERDIS Baumanagement AG, Zürich

obra visual GmbH, Zürich

Emch+Berger AG Zürich

Fundamenta Group AG, Zug

IDC AG Zentralschweiz, Sarnen

Keller + Steiner AG, Fahrwangen

Palme d'Or S.A., Wollerau

Phase Grün Elektroplanung GmbH, Weisslingen

VC Engineering AG, Neftenbach

WALDE & PARTNER

Walde & Partner Immobilien AG, Zürich

Eduard Truninger AG, Zürich

Quart Verlag Luzern

Anthologie – Werkberichte junger Architekten

*Extra sheet with translation in English (en),
French (fr) or Italian (it)

Quart Verlag GmbH, CH-6006 Luzern
books@quart.ch, www.quart.ch